TRABAJOS QUE QUIEREN LOS NIÑOS

¿QUÉ SIGNIFICA SER PROGRAMADOR?

CHRISTINE HONDERS

PowerKiDS press.
New York

Published in 2020 by The Rosen Publishing Group, Inc.
29 East 21st Street, New York, NY 10010

First Edition

Translator: Ana María García
Editor, Spanish: Natzi Vilchis
Book Design: Michael Flynn

Photo Credits: Cover, pp. 1, 13 Hero Images/Getty Images; pp. 4, 6, 8, 10, 12, 14, 16, 18, 20, 22 (background) Apostrophe/Shutterstock.com; p. 5 Ekaterina Vidyasova/Shutterstock.com; p. 7 Rawpixel.com/Shutterstock.com; p. 9 Shahrokost/Shutterstock.com; p. 11 https://en.wikipedia.org/wiki/Ada_Lovelace#/media/File:Ada_Lovelace_portrait.jpg; pp. 15, 19 REDPIXEL.PL/Shutterstock.com; p. 17 Altitude Visual/Shutterstock.com; p. 21 Gorodenkoff/Shutterstock.com; p. 22 Africa Studio/Shutterstock.com.

Cataloging-in-Publication Data

Names: Honders, Christine.
Title: ¿Qué significa ser programador? / Christine Honders.
Description: New York : PowerKids Press, 2020. | Series: Trabajos que quieren los niños | Includes glossary and index.
Identifiers: ISBN 9781725305564 (pbk.) | ISBN 9781725305588 (library bound) | ISBN 9781725305571 (6 pack)
Subjects: LCSH: Computer programming—Vocational guidance—Juvenile literature.
Classification: LCC QA76.25 H66 2020 | DDC 005.1023—dc23

Manufactured in the United States of America

CPSIA Compliance Information: Batch #CSPK19. For Further Information contact Rosen Publishing, New York, New York at 1-800-237-9932.

CONTENIDO

La programación en nuestras vidas

Las computadoras están por todas partes. Las usamos en la escuela y en casa. Cuando juegas tu videojuego favorito, ¿te has preguntado cómo funciona? Las computadoras no pueden hacer estas cosas solas. Los programadores dicen a las computadoras lo que tienen que hacer.

¿Qué es un código?

Un código es un conjunto de instrucciones que las computadoras pueden entender. Las computadoras solo pueden leer un lenguaje compuesto de ceros y unos. A los programadores les llevaría mucho tiempo escribir un código utilizando ceros y unos. Por eso, aprenden a programar en un lenguaje más fácil de leer y de escribir.

Lenguaje de programación

Los programadores dan instrucciones a las computadoras a través de lenguajes de codificación o **lenguajes de programación**. Así, las instrucciones o comandos llegan a la computadora en un lenguaje que ella puede entender. Java es el lenguaje de programación más popular. Google utiliza el lenguaje de programación Python.

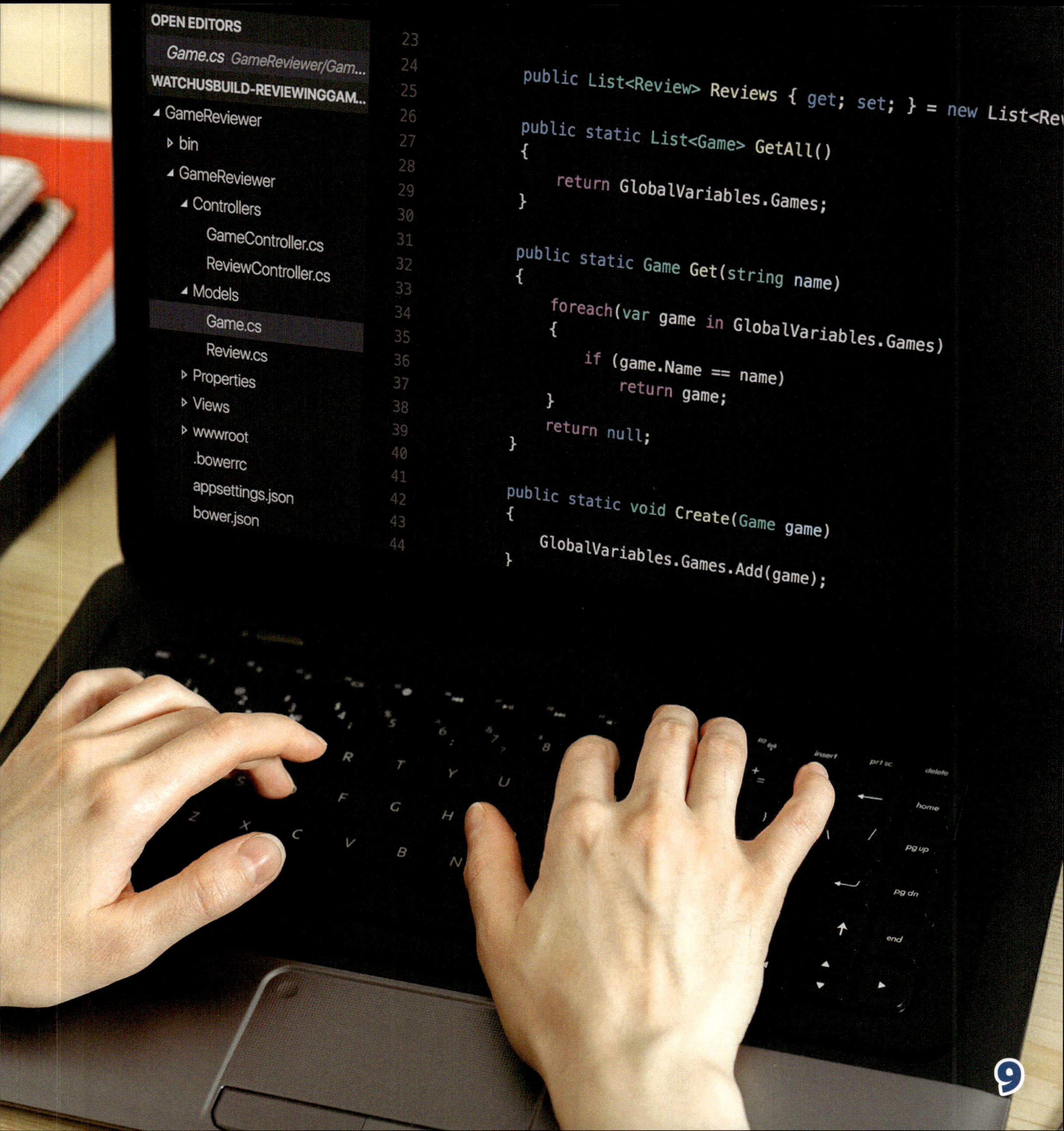
OPEN EDITORS
Game.cs GameReviewer/Gam...
WATCHUSBUILD-REVIEWINGGAM...
GameReviewer
bin
GameReviewer
Controllers
GameController.cs
ReviewController.cs
Models
Game.cs
Review.cs
Properties
Views
wwwroot
.bowerrc
appsettings.json
bower.json
public List<Review> Reviews { get; set; } = new List<Rev
public static List<Game> GetAll()
{
return GlobalVariables.Games;
}
public static Game Get(string name)
{
foreach(var game in GlobalVariables.Games)
{
if (game.Name == name)
return game;
}
return null;
}
public static void Create(Game game)
{
GlobalVariables.Games.Add(game);
}

El primer programador

El primer programa de computadora fue escrito en 1843. La persona que lo escribió fue una mujer inglesa llamada Ada Lovelace. Escribió el programa para un amigo que había creado una máquina con partes móviles. Esta máquina fue una primera versión de la computadora actual.

Cómo llegar a ser programador

Los programadores estudian Matemáticas y Ciencias de la Informática en la escuela. Algunos van a la universidad y generalmente consiguen mejores empleos. Hay muchos sitios en Internet que enseñan programación. Algunas personas utilizan estos sitios para aprender conceptos básicos de programación.

CODE CAMP

¿Qué hace un programador?

Los programadores desarrollan el ***software*** que utilizan las computadoras y *tablets*. Crean sitios web y aplicaciones, *apps*, para *smartphones*. Cuando los programadores desarrollan algo, se aseguran de que funcione. Hacen pruebas para detectar errores, llamados *bugs*. **Actualizan** los programas para que funcionen cada vez mejor.

18:00
CALL

Lo bueno y lo malo

La programación es una forma creativa de mostrar tus ideas. Los programadores tienen muchas opciones de trabajo y buenos sueldos. Pero programar puede no ser fácil. Hay que estar sentado mucho tiempo frente a la computadora y puede ocasionar daños en los ojos así como en la espalda. Muchas horas tecleando pueden provocar **lesiones** en la muñeca.

Habilidades para programar

Los programadores desarrollan programas para otros, por lo que deben saber escuchar. A menudo, trabajan en equipo. Escribir un código lleva mucho tiempo, de ahí que la **paciencia** sea importante. También deben prestar mucha atención a su trabajo. ¡Un pequeño error puede dañar todo el programa!

<textarea id="description" class="form-control description"
spellcheck="true" lang="en"></textarea>
</div>
<div style="float: left; margin-top:25px; margin-left: 5px;"></div>
</div>
<div style="clear: both; padding-top: 8px;">
<div style="float: right; padding-top: 7px;"></div>
<div style="clear: both;"></div>
<ul class="tag-editor ui-sortable

¡Aprende a programar!

¡Nunca es tarde para aprender a programar! Hacerlo ayudará a que tu cerebro pueda resolver problemas más fácilmente. Las computadoras te ayudarán a **expresarte** de otra manera. La codificación te permite compartir tus ideas con el mundo. ¡Y también es divertido!

El futuro de la programación

En diez años, habrá un millón de empleos para programadores. Se necesitan programadores para cubrir esos empleos y para que nuestras computadoras funcionen. Si te gustan las computadoras, deberías aprender a programar.

¡Y un día sabrás qué significa ser programador!

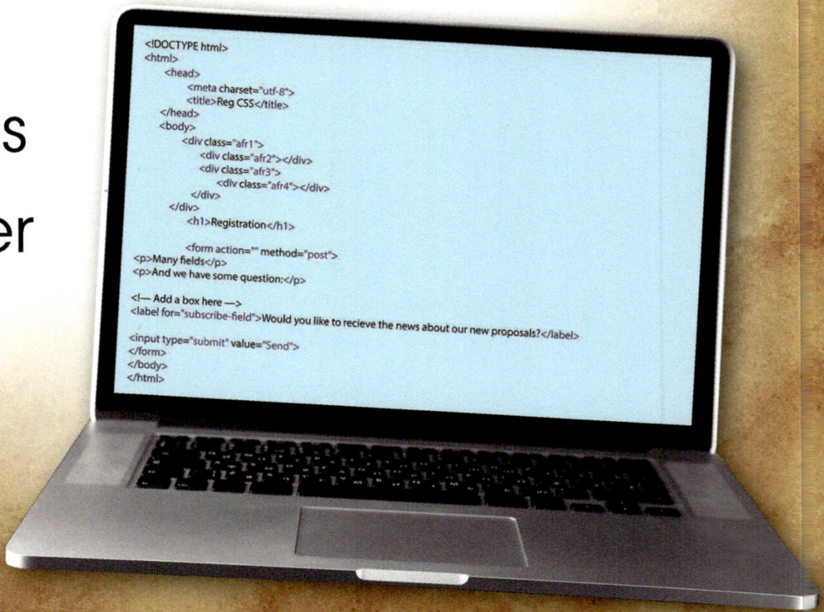